JN410610

그럼에도불구하고 씨

시산맥 기획시선 048

그럼에도불구하고 씨

시산맥 기획시선 048

초판 1쇄 발행 | 2017년 1월 31일

지 은 이 | 송문문
펴 낸 이 | 문정영
펴 낸 곳 | 시산맥사
편집주간 | 김광기
편집위원 | 안차애 유정이 전해수
등록번호 | 제300-2013-12호
등록일자 | 2009년 4월 15일
주 소 | 03131 서울특별시 종로구 율곡로 6길 36.
월드오피스텔 1102호
전 화 | 02-764-8722, 010-8894-8722
전자우편 | poemmtss@hanmail.net
시산맥카페 | http://cafe.daum.net/poemmtss

ISBN 978-89-98133-76-4 03810

값 9,000원

* 이 도서의 국립중앙도서관 출판시도서목록(CIP)은 서지정보유통지원시스템 홈페이지(http://seoji.nl.go.kr)와 국가자료공동목록시스템(http://www.nl.go.kr/kolisnet)에서 이용하실 수 있습니다.

*본문 페이지에서 한 연이 첫 번째 행에서 시작될 시에는 〈 표기를 한다.

그럼에도불구하고 씨

송문문 시집

■ 시인의 말

부끄러우면서도
옷을 벗은 내 시여
안녕

2017년 1월
송문문

■ 차 례

1부

2부

3부

4부

1부

수수밭 부분

그가
내 생각 속에 두 손을 쑥 집어넣어
그물을 쳤다
점점 촘촘해지는 그물 코
그물의 방향은 외곬

길 가는데 수수밭으로 해가 지는 것 같더니
수수밭 벗어나자 해는 다시 먼 산에 걸렸다
촘촘한 그물코 속에 갇혀서 자꾸 붉어지는 마음을
엿보았는지
길게 손 뻗어 그림자를 늘였다
촘촘했던 그물코가 느슨해졌다

늦춰진 그물코로 탱탱해진 생각들 구부려 빼내다
그가 친 그물에서 빠져나온 생각들
달빛과 섞여 잠들다

석양 속에는 그냥이 산다

그럼에도불구하고 씨

그럼에도불구하고 씨 하고 부르면
마음이 따뜻해지거나 시원해지거나 뻥 뚫리는 사람들이
주머니에 넣고 다니는 이름

그럼에도를 다독일 줄 아는 손이 등구나무 잎사귀만큼 많아서
늘 손이 남는

찬물 건너가는 사람에게는 키를 키워 옷은 젖지 않게
발쯤만 젖게
뜨거운 불에 휩싸인 사람에게는 두꺼운 껍질이 되어
귓불쯤만 붉어지게

당신의 이름으로
있고 싶은 곳에 있게 된 사람들이
조금은 미안한 마음을 갖게
자신이 잘 보이는 거울 하나 품고 살게
기꺼이 의자가 된

〈

당신에게 어쩌다 한 번쯤
그래서를 선물하고 싶을 때가 있습니다
당신은 펴보지도 않고 밀쳐두겠지만……

그럼에도불구하고 씨

혹시
접어둔 그럼이 고개를 들고 나온다면 그건
그럼의 몫이랍니다

구례 구례

구례
구례라고 말하려면
혀가 입 속에서 한 번 굴러야 제대로 소리가 나서
아직도 옛날에 머물러 있는 고을이 보인다

구례 부근 온천탕에서
오늘이 구례장날 맞제 해싸며
두 여인이 구례 구례 혀를 굴린다
시간을 거슬러 올라가는 지느러미가 파닥거린다
구례장이 더운 김을 내뿜으며 눈에 옷을 입힌다

두 여인의 입에서 부풀던 구례장날은
구~례에 갔는지
우리 속에서도
저희끼리 우리가 되어 무서운 것 없이
꽥꽥거리던 오리새끼 한 마리 없고
눈만 내린다
시장 안에 있는 국밥집 좁은 방에 앉아
밖에서는 눈이 굵어지려니 가늠하며
방 안을 둘러본다

민낯의 살림살이가 구례장날이다
돌 박이의 그림책과 옷들이
옆에 놓인 소주를 돌 박이로 만든다

상차림에 여념이 없는 젊은 아빠에게
아기를 찾으니
아기는 안집에 있다 한다
설설 끓는 돼지머리국밥을
함박눈으로 간을 맞추며
안집에 있을 아기를
아빠 대신 잠깐 생각해본 구례장날이다

첫 8월

오른 쪽으로 돈다

이건 감나무, 이건 회양목, 이건 살구나무, 이건 산수유, 저건 단풍나무, 쩌건 회화나무, 이건 바위, 이건 모과나무, 맥문동 보라 꽃, 라일락나무, 능소화, 봉숭아, 과꽃, 해바라기, 대나무…

이제 막 9개월 된 채연이를 안고 하는

내 말이다

손끝에 말의 씨를 뿌린다

말없는 말들과 아기 손이 만나면 가슴까지 따라간다

바위는 아기 눈빛이 닿으면 웃음부터 나오는지

열 손가락 맞아 처음으로 엄마 젖의 기쁨을 맛보는 것 같고

새는 늘 지 소리 속에 숨을 때가 많아

그냥 가만히 서보는 것이 새를 아기에게 데려오는 것이다

비둘기만 날개 밑에 소리가 들어 통통하다

감은 어른 엄지손톱만 하더니

아기 손끝 만날 때마다 자란다
지금은 꿩알만 하다
아장아장 걸을 때쯤 주홍이 무지개 속에서
손을 내밀며 나야 아가야 할 것이다

봉숭아 씨 터뜨리는 채연이 손에 먼 곳이 옆으로 온다
아직 어린 댓잎이 아기 볼을 살짝 건드린다
아픈 듯 보드라운 듯 살짝살짝 열리고 있는 것이 있다 아가야
채연이를 안고 하는
내 말이다

바람은 늘 좁은 길에서 걸음이 빠르다
채연이 머리카락 올 올에서 바람이 논다

그냥의 잔

마른장마 해거름에 뒷집 할매가 들깨 모를 고무다라이에 가득 뽑아 담고 있다

뼈마디 끊기는 소리가 뚜두둑 날 때마다
비명 대신 날개 가진 피가 흥건히 쏟아진다

장마는 옷을 겹겹이 껴입고
어쩌다 하나씩 벗어 던지려는 심사인가 본데
들깨가 탈진하면 어째요!
물 한 바가지면 며칠을 견디는 독한 것들이여……

들~들~들·
'들'의 가계는 대대로 오감과 한 몸으로 젖는
훤한 길을 닦아 놓았다

독했던
지난 며칠은
그냥
지나간 며칠일 뿐
젖은 옷 한 벌 입고

〈

여기저기에서
대지와 한 살이 되어
지금을 온몸으로 껴안고

그냥을 건너가고 있다

晩夏

쓰르라미가 작년에 앉았던 감나무에서
꼭 그 모양새로 운다
지난여름이 이맘때쯤에
그 자리에 숨겨 놓았던 매미를
꺼내놓은 것 같다

계절이 곳곳에 사람도 숨겨놓았다가
때가 되면 꺼내놓는 지

오늘은
千 江에서 호수에서 바다에서 모든 유리창에서도
푸른 하늘과 뭉게구름이
그 동안 숨겨놓았던
아장아장 나부터 어제의 나까지 꺼내
여기저기 걸쳐 놓고 있다

명왕성에서 보면 그게 그 자리, 그때가 그때

뭉게구름
가까이 가보면

아무것도 아닌 것을 알면서도
해마다 그 속에 한참씩 들어가 보던 나를

어느 곳에
숨겨두었다가
요즘 자꾸 꺼내고 있다

뭉근한 다비

해마다,
토마토 뒷그루로 무를 심는다, 토마토 줄기를
다른 곳에 버리지 않고
흔적 없이 치우는 일은 고난도다

자라던 모습 그대로 지주에 기대놓은 채
뿌리를 뽑는다
뽑은 손 빼놓고는 바람과 해도
모른다

똑같은 걸 주어도 시든 뒤에야
뿌리는 보인다

좁은 살림으로는
활활 타오르는 불꽃 가둘 수 없어
바짝 마르기 전
새벽이슬 맞혀 불을 놓는다

뭉근한 불은 오래 간다
제 몸으로

덜 마른 제 몸을 말려가며
제 몸을 태운다
하루 낮을 타고서야 재만 남는다

가을 무 심기 전 한동안은
무를 위해, 다른 몸을 다비하는
뭉근 궁리가 깊다

옆집 걱정

옆집할머니 올해 처마 끝에
투명한 풍경을 다셨나보다
소리도 혼자만 들리는 걸로

누구나 마음이 집이긴 하지

지난해까지
사철나무, 피라칸타 열매로 붉은 심지를 돋우느라
망을 씌워 바람을 달래시더니

올해는
마음 한 쪽 그물 자르는 풍경소리
다문다문 들으셨을까
그물을 녹이셨을까

그림자까지 붉은 동짓달 어느 날
외출하는 할머니 골목어귀 벗어나는 발자국 소리
뒤꽁무니 밟고
저 많은 새 떼 좀 봐

〈

마당 가득 붉은 마음 쪼아
풍경소리 뱉어놓고 있다

얘들아!
내가 걱정이다
할머니는 어디쯤 오시고 있을까

메타세콰이어

저기 나무가 있다
나무가 보인다
나무를 본다
나無* 느낌이 난다

백악기부터 그들의 가훈은
더도 덜도 말고 지금대로 살기
진화의 방향을 닫기
뿌리의 뿌리가 되는 뿌리로 살기

누적된 순간들의 자취는
테두리 없이도 저절로 이뤄지는 둥근 자리
그 안에 너는 들어 있다
막힌 곳 없어 새가 걸리지 않고
빛도 스미지

서로가 거울이 되어 바라보는 너, 너, 네가 곧아서
너희는 모두 나도 곧지
너희라도 있어서 하늘은 땅을 기억할 거야

〈

사람이 사람이 아닌, 개가 개가 아닌, 고양이가 고양이가 아닌
뒤죽박죽으로 진화되어 흘러가는 저 강물

1억 4천 년 전 출발한 별빛이 너를 알아보고 네 곁에 머무는 걸 본다

잎사귀 떨군 나목에서 걸어 나오는 뼈부터 가끈 사내가 눈이 부시다

* 이동희 시인의 참나무에서

사방연속 무늬

없는 듯이 있다가 시도 때도 없이 불쑥 나타나는 것들은
이방연속 무늬 밖에 있는 사방연속 무늬들이다
겨우내 봄내 이방을 사방으로 만들려고
햇살을 썰어 만든 칼끝으로 길을 내는 시늉을 했다

깊이가 있는 눈빛은 힘이 없어 보일 때가 있고
절제된 몸짓은 자주 멈춘 듯이 보인다는 것도 칼끝에 부딪혔다
그만큼 깊어봐야, 그만큼 절제해야
건너질 강은 좀체 보이지 않고
꿈을 꾸면
되고 싶은 내가
자화상을 그리고 있었다

'멍에' 라는 노래를 부르고 있는 저 가수의
내부가 사방으로 번져 나오고 있다
절제된 소리의 마디가 칼끝이 되어
실핏줄에 길을 내고 있다
보이지 않았던 것들이
지금 막 멈춘 듯이 드러나고 있다

근황

가곡반 선생님은 좋은 소리를 위해 노래를 시작하기 전 내장과 어깨, 목과 가슴에 나비들을 보내 소리의 마음을 열게 하는 시범을 보이신다 골목길을 넓혀보라며… 하다 보면 나비를 데려오는 일도 그렇고 사람이나 소리의 마음을 여는 일은 쉽지 않다

어둠을 밀어내고 싶은 골목들도 '흡'하고 나비를 부를까? 가로등이나 대문 또는 담을 넘어온 나무들의 내부에 있는 마음이 한 발 한 발 걸어가 부드러우면서도 탱글탱글한 소리로 굽은 골목의 'ㄹ'을 어루만질 때 어둠은 'ㄹ' 밑으로 가라앉을까

소리의 마음을 닦다보면 소리들에게 편안하면서도 멋진 옷으로 가는 길이 보이기도 하겠지만 페이지 행간마다 늘 새로운 골목들이 어둠을 밀어내고 싶어 하는데 불임이 된 나비 몇 마리 파꽃에 앉았다

쌈

다큐 공감이라는 프로를 보며
상추에 죽순 나물을 싸 먹는다

방앗간에서 똑 같이 왼손을 잃은 화면 속 모녀도
서로의 아픔을
마음을 펀펀하게 펴 쌈으로 쌀 것이다 늘

쌈은 그랬다

밥이 적을 때는 밥 대신
입맛이 없을 때는 맛으로
반찬이 없을 때는 반찬으로
무엇이든
보이지 않게 속에 넣어 오므려서 입에 넣으면
아무도 모르는 방식으로 소화가 되었다

쌈을 맨 처음 싼 사람은
무엇이든 드러나지 않게 싸서
마음속에 넣어두고 싶은 것이 있었으리라

〈

오늘 저녁 나도 그랬다
키로는 도저히 따를 수 없는 대나무 어린 싹을
손바닥만 한 상추에 싸서 먹었다

내가 싼 쌈들은 뒤죽박죽으로 섞여서
아무도 모르게 나를 이루었다

내가 싼 쌈들의 맛일 것이다
나는

비밀문서

시를 여러 번 접자 페이지가 종적을 감췄다
그러자 말없음표, 느낌표, 물음표가
지도 없이 항해 중이다
쉼표는 일자리를 잃었다

밤이 되면 달을 보았다
손가락이 페이지와 함께 실종되어
달을 가리키지 못했다

그래도
손가락으로 달을 가리킬 수 있을 때
손가락이 줄기가 되고
몸은 뿌리가 되어
물을 찾아 달을 키웠다

무엇이든 키워보면
잠시 씨앗으로 두는 일이 더 중요하다는 것을 안다

없어진 페이지가 씨앗으로 바뀔 때까지
항해일지는
없어진 지도가 쓸 것이다

깻잎 장아찌

깻잎을 씻어서 갠다
보이지 않는 곳에서만 활개 치는 애먼 비인간을 찾기 위해
빠짐없이 뒤집어 본다
가끔 팔을 안으로 굽히고 싶은 크고 작은 구멍들
자신을 내어준 상처다

상처는
안은 상처보다 내어준 상처가
보기는 흉해도 덧나지 않아
보송보송하다

갠다는 말
부피를 작게 오므리는 일

간장에 물기까지 다 내주어
몸집을 줄일 대로 줄인 다음에야

이게 나야

내어준 상처에는 간장이 스며들지 않았다

2부

나무늘보

하루 종일 말없이 지냈다

나무늘보가 하지 낮 동안 나무 등걸에 매달아 놓은
침묵은
나뭇잎 한 장을 향해 있다
어쩌다 움직이는 소리는 손가락 발가락을 잊었다
담아 놓을 문장이 없다

파 모종을 했다
하얀 뿌리는 흙에 닿기만 하면 손을 매달아 놓는다
천–천–히 움직이는 소리는
소리의 이방인이다

서로
하루 종일 말없이 지냈다

이쪽이 생겨났다

집으로 가는 길에 시장을 지나 버스 정류장을 지나 문방구를 지나 또 무엇을 지나다 보면 지나친 것들 중에 슬며시 따라오는 것들이 있다 마주 오는 것들은 가끔 내가 따라가기도 하지만 따라오는 것들이나 따라가는 것들은 잠시 내 몸 어딘가에 담기기를 좋아한다 나는 그것들에게는 뚜껑을 만들지 않는다

지금 걷는 길 빼놓고는 저~쪽과 그쪽에서
무엇인가를 했던 할머니의 손이
멀리서부터 웃음을 타고
내 쪽으로 오고 있다

그녀가 내 손에 넝쿨손을 척 얹으며
꼿꼿하게 걸었던 옛날을
주름 속에 버무려 잠시 맛보는 순간
이쪽이 생겨났다
나는 그녀의 옛 맛이 되었다

잊고 있었던 직선의 뿌리에서
하늘과 수직으로 기지개가 피어나자

갑자기 꼿꼿한 전류가 사방으로 흐른다
건너편에서 흐느적흐느적하던
사람풍선이 순간 직립하고
휘어진 것들이 곧추서는 소리가
땅속에서 잠자다 깨어난 두더지처럼
여기저기 창을 낸다

잠시 꼿꼿한 길이 생겼다
길을 붙잡아 둔다
나는 지금 꼿꼿한 맛이다

맛을 잠시 담아 두기 위해 만든 그릇은 직립다운 직립이다
직립으로 그녀와 나는 지금 이쪽에 있다

시치미 떼고 싶어 하는 눈이 보여

꿈을 꾸었다 하자 그랬다 하자

입은 둥지일 때 안으로 들어오고 싶어 하는 말들을 만나지
둥지는 떠났을 때 더 그리워지는 법이지
그리워하기 위해 떠난 말이 있을지 몰라

많게 적게 감는 것 말고 눈물 흘리는 것 말고도
눈에서 싹튼 것들은 사람만큼 많지
눈은 입이 많지
지금 안락의자가 가장 필요한 건 입술이야
황새냉이 뿌리는 꼭꼭 숨어 있어도
잎과 꽃과 향기로 다 들키지

꿈을 꾸었다 하자 그랬다 하자
나도 모르는 나와 내가 모르는 네가
한 페이지 안에서 마음에 쏙 드는 문장을 여러 개 만들었다 하자
그래서
눈의 입술을 안락의자에서 푹 쉬게 했다 하자

〈

어제 두고 온 손이 오늘 또 찾아왔으나

시치미를 떼고 왔다 시치미 뗀 손이 먼저 알았다

티

티는 입술이 터지면서 잇몸과 혀가 부딪혀 나오는
꾸밀 수 없는 소리
다른 사람 눈에 사는 긴 여운

대형트럭이 뒷번호판 바로 위에
뽀짝 붙지 마시오 큼지막하게 써 붙이고
촌티를 풀풀 날리며 상경한다
힘든 일도 꼬숩게 하는 뽀짝의 근원지에
비손하는 누군가 보인다

바쁘지만
헐렁한 오후를
고속도로에 분사하며
산수유 꽃, 냉이 꽃 티가 살짝
짐칸에 올라탄 지도 모르는
대형트럭을

길이
꼬옥 안고 간다

〈

길은

촌티 나는 차를 오랜만에 만났다

뒤집다

가슴을 뒤집어
마음에 들지 않는 마음을 털어본 오후의 일이다

옆집 닭장을 벗어난 암팡진 암탉 한 마리
꽁지와 머리가 직각을 지그시 누르고
등은 수평인 줄 아는 걸음이다
마당을 여기저기 콕콕 쪼을 때마다
간지러움으로 까르르 까르르 웃는 모습이 마음에 드는 눈치다

막 피기 시작하는 산당화도 나팔수선 노란 송이도
발가락을 살짝 오므렸다가 의기양양하게 펴서 내딛는
움직이는 꽃을 보며
더 빨갛고 더 노랗게 몸을 치장했다

뒤집기를 좋아하는 뒤집기는
싫증이 싫다

잠시 후 마당이 뒤집혀 암탉은
옆집 주인의 손아귀에서 종이처럼 구겨지고
산당화와 나팔수선은 더 빨갛게 더 노랗게 놀랐다

출타

봄에 여러 날 집을 비우니
산수유 노란 꽃 퐁퐁 지는 걸 생각하느라
마음이 노랗더니
꽈리뿌리 흙 더듬는 눈 밝아
하얗게 통통해지는 밤
동쪽 마당 가득 흐드러진 붉은 열매가
꿈에 들었다

얼마간은 집이 먼저 나에게 소식을 전하는 듯했다가
또 얼마간은 내가 먼저소식을 묻곤 했다가
뜸해지고
뜸해져서
아슴아슴해지고
어쩌다 생각나다가
눈이 떠나고 마음이 따라 떠나는 것 같았다가

없는 듯이 꼬옥꼬옥 숨어 있다가
눈물 속에서만 보이는 집이 되는
꿈을 꾼 날을
달력에서 지운 날이 있었다

매화틀

동생들과 함께 어머니를 모시고
요양원 앞 인적 드문 초봄 길을 걷는데
–나 똥 싸– 하신다
여든 여덟 아기
매화꽃 아래 옷 내리고 볼 일을 보신다

부드러운 잎사귀들은 오월 속에 접혀 있어
지나가는 바람과 아들 하나 딸 둘
벙그는 매화향까지 갑자기 바빠졌다

어머니는 세 살 노릇 참 쉽게 하시고
아들은 열 살 다리로 돌아가 요양원까지 뛰어가고
딸 둘은 문인수 시인의 '쉬' 속에 들어 바람벽을 웃음으로 엮고

아들이 가쁜 숨으로 하얀 분첩을 드리자
어머니
딸 둘이 드리는 두레박에 매화향 가득 담아 건네신다

어머니가 그렸던 매화 등걸이

매화틀이 되는 꿈을 꾸었을까?
어린 쑥이 쑥쑥 크는 소리 쑤욱쑥
메아리도 쑤욱쑥이다

산벚나무

초여름 산새는
버찌 몇 개로 끼니를 때우고
심심하면 앞산으로
또 심심하면 뒷산으로
또 또 심심하면 버찌씨 몇 알
똥도 싸고
해 지면 별 보며 잠드네

몇 년이 지났을까
산벚나무 여기저기 꽃을 피워
연분홍으로 환한 곳마다
산새가 앉았던 자리라고
꽃잎 폴폴 날리며
꽃잎 글씨 쓰네

싹트고 자라고 꽃 피우고 열매 맺는 일이
산새와 함께 사네

앞산 뒷산 여기저기
산새가 앉았던 곳

멀리서 더 잘 보이네
그냥 보면 더 잘 보이네

새벽

강의 침묵이 무거워 안개는 조심스럽게 걷는다
어쩌다 수면 위로 솟는 물고기는 오늘 아침 강물의 심지를 읽지 못했다
지금쯤 지느러미를 정지하고 침묵을 깨는
무슨 소리든 찾고 있을 것이다

아침 뻐꾸기 소리나 휘파람새 소리는 강물 속에 닿지 못한다

강은
침묵이 침묵을 깰 때를
기다린다

동안

닭이 알을 낳아 삶의 소리를 각인시키는 동안이면 네 눈을 읽을 수 있었지
따스했던 알에서 온기가 빠져나가는 동안에 내가 마음으로 정한 잡초를 뽑았지
꽃이 필 때라면 몇 송이가 더 필 동안 노을 값으로 가족에게 저녁을 산 누구의 아버지와 노을길을 걷고 싶었지
상추 솎아낸 자리에 다시 연두가 가득 찰 동안 왜 그녀는 18년 된 강아지와 함께 늘 그 계단에 앉아 계단을 먹고 있는지, 오가는 사람을 눈으로 끌어가는지 그리고 냉소에 빠뜨리는지 분석했지
방울토마토 따 낸 자리에서 빨강 창문이 다시 동화를 구연할 때마다 꽈리 하나를 따고 속없는 꽈리를 만들어 내 속을 넣었지
맺혀 있던 낮 달맞이 봉오리가 만개해 흐드러질 동안이면 가지가 자라고 병마와 싸우던 그가 때로 가지를 부러워했지

내 몸 곳곳에 동안이 살아 너 없는 동안 잘 지내왔지

말 귀

모든 것에 귀가 있다고 생각하면
말이 많아진다
말은
들을 귀에 따라
묵언부터 시작된다

올해 들어 처음으로 밤에
창문이란 창문을 다 열어 놓고
커튼을 치고 불을 켰다

방충망과 창문 틈으로 들어오는
작은 벌레들에게

야들아, 들어오면 죽는단 말야

나, 하루살이야

때로 검은 색이었지
조약돌이 굴러가듯 순간순간 한 쪽만 열렸지
너무 커도 너무 작아도 걱정이었지

귀에 있는 귀는 눈의 귀가 부러웠지

눈의 귀로 듣고 말할 때
서로서로 듣고 싶은 말만 들을 수 있었지

편도

2100년이면 에베레스트 빙하가 거의 사라진다는 뉴스를 보았다

크레바스
설산에 있든 가슴에 있든 그것은 넓이보다 깊이가 강세다
빠져버리고 마는 편도승차만 있다
역류하는 크레바스를 꿈꾸는 것은 타자다
운 좋게 마이너스 196도 냉동인간으로 있다가
빙하에 밀려 어느 강 상류에서 소생한 한 젊은 남자가 꿈에 보였다
그의 부재로 생긴 누군가의 마음속 크레바스는 갠지스 강에 사는 물고기들에게 몇 대째 전이되었다

젊은 그는 삭발을 했다
남루한 옷을 걸치고
눈빛 속에 설산이 아롱졌다
이제 설산에 대한 설렘을 가진 사람들이 적어
그와 우연히 라도 동행하는 사람은 없다
그는 그동안 잠깐 꿈을 꾼 줄 아는 모양으로

몇 백 년 전 그 마음으로
오르던 산을 올라가고 있었다
그는 설산이 없어졌으므로
고개를 갸우뚱하며 정상까지 올라갔다가
그의 핏속에 표표히 흐르는 바람에 끌려 산의 심장에
움막을 짓고 그곳에서
몇 백 년이 흘러간 것을 모르고 살다갈 운명 같았다

아무도 그가 소생한 줄을 모를 것 같았다

빈 방

빈 방 하나를 두었더니
집에 오는 사람마다 빈 방에 들기를 좋아하였다
빈 방은 빈 마음의 거처
자주 들어 빈 마음을 여기저기 주머니처럼 지니기도
하고
누구누구도 들여
빈 방이 빈 마음으로 가득 찰 때

길 가 외딴 집 그녀
해마다
밭 한 두렁을 이 꽃 저 꽃에게 내주고
그걸 빈 방으로 생각하고 있는 것을
알았다
그 무엇이든 이게 빈 방이려니
마음 대중하며 사는 사람들을 생각했다

천천히 걸어야 보이는 그녀의 빈 방에
요즘은 백일홍과 두메 양귀비, 해당화가 피었다

빈 방은 빈 방을 아는 걸까

멀리서도 창문이 환한 빈 방에
오늘은 새소리가 들었다

경계

늘 금은
없지만 있다
파도는 올 때도 조금씩은 가기도 하고
갈 때도 조금씩은 오기도 한다

지나고 보면 끝까지 오는 쪽은 밀물
끝까지 가는 쪽은 썰물인 걸
저만치 있는 바위와 등대와 바위에 붙어 있는 고둥도 안다

그렇게
오기도 하고
가기도 하다 보면
모르는 사이에 금이 자라서

사랑이 되기도 하고
미움이 되기도 한다

늘 경계는
한참 지난 뒤에 보인다

〈
늘 금은 있지만
없다

3부

쏠림

겨울 화엄사에 가서
각황전이 마주 보이는 툇마루에 앉아
각황전만 바라보다 돌아왔다

그럴 생각은 없었는데

살포시 비켜선 햇살에게
총애를 받고 있는 것이 한 눈에 보였다
자신도 모르는 사이 그분 고임을 받아
꼬마 각황전이 태어날 것 같아

색을 벗어 색을 입은 침묵은
오늘 밤
돌계단을 내려와
늘 곁에 있는 석등에 불 밝히며
서역으로 가는 길 닦을 것 같다

소리의 층 그중 하나

소리의 층마다 귓바퀴끼리 손잡는
소리가 있다

계단이 없어서 –서서히–라는 말을 모른다
불쑥 귓바퀴에 정다운 길이 트인다
길은 갈수록 가늘어 져 실뿌리의 문을 연다
부추 꽃을 쉽게 알아보는 사람은 부추 크는 소리가 들릴 때가 있다
지렁이 울음이 찌르찌르 흐르는 소리의 강은 새벽으로 흐른다

소리를 버렸을 때 불현듯 소리의 강 밑을 흐르는
소리를 떠난 소리들
그 소리의 층에

눈물이 흐르는 소리
식물이 자라는 소리
마음이 오는 소리

없는 소리를 들어보려고

밤이면 소리의 강바닥 밑으로
등을 밝히는 귓바퀴가 있다

마디

두포천 둑방길을 걸으며 보는 낙조는
발 담그는 모습으로 떨어지는 모습을 뽐낸다

한 구비는 너끈한 강줄기에
펄떡 펄떡이는 황금 물비늘이
막 앞쪽 다리를 거슬러 올라
억새밭으로 몰려온다

억새에 걸린 붉은 해를 꺾어보리라
마디에서 쉽게 꺾이는 것들은 도처에 있다
붉은 해의 씨앗을 받아 보리라
억새마디가 내 손을 잡는 순간을 조심해야 한다
황금 비늘이 억새밭으로 들지 말아야 한다
쓰벅쓰벅 아리는 손마디는
붉은 마음 보태며 지는 해를 한 아름 꺾어
돌아오는 길에 뿌린다

어쩌다 한 번이면 된다는 듯이

요즘 아침마다 텃밭에 나가
배추흰나비 애벌레를 잡는다

그가 남긴 구멍은
날개의 피가 흐르는 삶의 방식

더도 덜도 갖지 않는 것은 가장 쉬운 일

구멍만큼 미안해서 구멍의 뚜껑은 만들지 않기

푸성귀만 먹어 푸른 몸,
눈에 안 띄니
푸른똥이라도 동글동글 잎사귀에 얹어 놓기

나비 되는 일이 어쩌다 한 번이면 된다는 듯이

담배 꽃

누가 대접 한 번 잘했지만
사무실 책상 위에 꽂혀 있자니 영
심기가 불편하다

나는 분홍의 서자이거나 디아스포라

득음을 위해 잃어버린 두 눈

나의 분홍은 천하고 부당한 것에 길들여져

조금만 대접받아도
불편하다

그런 마당

낮은 담
대문 없는 집 마당에서 노니는
가을볕은 엉덩이가 무겁다

고샅 따라 심어놓은 들깨에게도 들러야 하고
노랑방울 모자라는 나락에게도 온기를 나누어줘야 하고
늦게 심은 배추잎사귀에도 내려앉아야 할 터인데

되실되실 놀다
어쩌다 붉어진 엄마 얼굴이 보이자
인사도 없이 빠른 걸음으로 가버린다

가을볕이 노닐던 자리에
벌레소리 또한 엉덩이가 무거워
새벽까지 놀다 가다

그런
마당이 딱 하나 있다

근황을 묻는 일

요즘 어떻게 지내세요?
살짝 실핏줄을 건드리며
웃음의 옷을 입고 있다
무밭에 벌레 잡고 주홍 꽈리 보며 지낸다고 대답하는
것은
살짝 틈을 보인 것이다

하루 종일? 하고 되물을 때
눈동자에 마음 하나가
톡 떨어져 낙숫물을 만든다
또~
또~라고
말하려다 그냥 웃는 건
낙숫물이 그냥 흘러내려가게
길을 트는 한 삽 무너미

먼 훗날
요즘 어떻게 지내세요?

무너미 너머 흔적 없이 섞여
섞여서……

개 날

어느 날 갑자기 날개가 방향을 바꾸어
개 날로 보인 날 가슴에 탁 소리가 났다
개의 날과 한통속일 때가 많다는
어깨 죽지에서 돋아나고 싶어 하는 날개가
가슴에 짐을 부리는 소리였다

유난히 인간만 날개 운운할 때
날개는 모르는 사이에 고체가 된다
날개라는 말이 승화되어 없어질 때
날개는 있다

개는 날개라는 말을 몰라서
날개가 있다

개 날, 개 날 하다 보면
개 날이 날개가 되니
날개는 개에게 있다

길 눈

저 수세미 넝쿨 좀 봐
전깃줄도 길로 만들었잖아
허공을 만나 손이 막막하면
손에도 눈이 생긴다는 말을 주렁주렁
매달고 있잖아

그러니
가보자
가면 길이 된다잖아

수세미 깜장 씨앗 속에
여러 색깔 길이 이미 들어 있었어
길 씨앗은 이미 발 속에 들어 있을 거야
어디든 가면 싹이 틀 거야

어디든 속에는
수천 번 들었다 놓은 길들이
시나브로 갈 방향을 정해놓고 있어
그래서
어디든은 꼭 거기를 품고 있는 말이야

〈

그러니 어디든
가보자

대필

자꾸자꾸 자꾸가 따라와요
어쩐 일인지 내 자꾸는 보자기족입니다
보자기는 매듭을 가졌을 때 자긍심이 생기나 봐요
내 어깨를 자꾸 꽉꽉 싸요
어깨만으로도 무거워 자꾸 굽어요
내로라하는 짐은 늘 생각으로만 져요
어깨가 갇혀 등까지 어두워요
구겨졌어요
점점 작아져요
드디어 검은 알이 되었어요
이제 밖도 없고 안도 없어요
줄탁동시라는 말은 내 사전에서 사라졌어요
귀를 막아도 검은 색이 자꾸 들려요
사이렌이라는 이름의 그림자까지 무서워요
검은 색은
없어진 다리마저도 늘리거나 자르는 일을
늘 반복해요

내가 그렇다면 나는 그렇습니다

〈

그게 문제라는 손가락들은 입보다도 소리가 커요
메아리까지 길어요

칼이 먼저 안다

연근 껍질을 벗겨 써는데 세로로 써는 사람이 있을까?
있다면 파죽지세를 좋아하는 사람일 게다

긴 몸을 가진 것들은
독한 저항을 만나야 삶의 무늬가 드러난다

비어 있는 핏줄이라야
정한 꽃잎 밀어올릴 손이 생기는 줄을
비어 있어서 스스로도 꽃이 되는 줄을
칼이 먼저 안다

거짓말 찾기

연습 한가운데 줄을 친다
헐렁했던 행간이 조여지면서 호박 넝쿨이 이쪽을 향한다
좁을수록 필요충분조건은 수위가 낮아질 것이다

연습 한 쪽을 빌려드리겠습니다
연습은
가는 길이지만
가는 길이 바로 거기라는 말을 하고 보니
연습은 없다는 말이 되는 군요
그러니 길을 빌려드려야겠군요

줄이 줄을 줄줄이 낳을 것이니
그냥 드리지요

사실은
벌거숭이 줄일 수도 있어요
벌거숭이 연습일 수도 있어요

악천후

숨바꼭질하는 나비는 벽 속에 있고
백만송이버섯은 높은 선반에 있다
사막 위의 발자국은 고집이 없다
모퉁이에 서 있곤 하던 웃음들은
금이 간 항아리를 가까이 했다
여기저기 죽순처럼 솟아나는 실밥들 끄트머리로
오른손이 한 일들이 새나가고 있다
틈새는 없는 듯이 있을 때 시장의 옷을 걸쳤지만
곤드와나*는 여러 대륙이 된 지 오래다
도대체 너는 누구냐 물으면
눈빛 먼저 쩔린다
금방 십만 개의 뇌세포가 없어졌다
그 속에 너에 대한 기억이 들어 있다
너라 부를 수 있는 징후가 점점 옅어져
곧 너라는 말이 없어질 것이다

*곤드와나 : 대륙이 분리되기 전의 지구 최초의 땅덩어리

까마귀베개

꿈을 꿔보고 싶다
깃을 접고 다리 오그리고
나뭇가지에 앉아 한데 잠자는
까마귀가 베개를 베고 있는 모습을

보름달이 뜨니 까마귀 자는 모습이 자꾸 궁금해지는 것이다
아니 까마귀베개라는 이름을 나무에 붙여준 사람의
심사가 궁금해지는 것이다
나무에 기대어 잠을 자다보면 가지 모두가 베개로 보이기도 하겠지만

산속에 살던 그 누가
달을 나무에 걸어 놓고 보니
까마귀가 깊이 잠든 나무가 베개로 보였을까?

자꾸 까마귀가 식구 같은 생각이 들고
그 나뭇가지에 번져 있을 하루가 어째 가여워지는 것이다

4부

지난 유월의 운세

내 집으로 온 지 오랜만에 호접란에 꽃망울이 맺혔다

꽃자리도 처음에는 작은 점으로 시작되는 것이어서
그 작은 점이 만삭을 감출 치마로 보였다

꽃대가 올라오고, 서너 개의 망울이 맺히고
길이가 피아노 건반 사분의 일이 될 때까지
화음을 이뤄 피는 성미여서
피리 구멍처럼 소리를 머금고 있었다

이제는 진분홍소리가 울리겠지 하면 피리 구멍이 막히고
나는
막힌 구멍을 더듬는 손가락이 되어 적막하고

네 소리는
내 소리의 그림자

소리의 분홍빛 살이
소리 없이 야위어 가는 것을 보았다

나에서 남까지

나에서 남까지 가는 징검다리를
객관적으로 말할 수 있다는 것은 나에 조금 더 보탤 수 있어야 남까지 닿을 수 있다는 이야기야

밥이 없으면 라면이나 먹지, 어린애나 좋아하는 놀이를 하고 그러니 서너 마리나 잡은 파리가 다시 살아났지 그런다고 전화를 네 번이나 하고 그래, 너나 나나 웃음이 꼭꼭 숨어 있는 것은 사실이야 螺와 鑼를 纙로 묶어 놓을 때가 있었어 나도 밤나무는 나그네에게 나도 나그네라는 말을 한 적이 있지 나라미*는 늘 가슴이 울렁거리지 나락은 奈落으로 가는 첫 들머리에서 자라지 나막신을 신었을 때에는 너에게 가는 길이 쉽고도 쉬웠지 나머지는 네가 다 가져도 좋아 나무가 있어 나무늘보가 18시간이나 매달려 잠을 자도 괜찮은 거야 나물국을 끓인 저녁 나뭇잎 엄마가 나비와 나비를 안아 준 것은 나잇값이야 나중에 온 사람들이 나체가 되자 재빨리 나팔관을 닫았어 모래 먹는 나한이 있어야 낙과가 생기지 않아 낙뢰. 낙루, 낙망, 낙서, 낙숫물, 낙안들은 모두 밑을 향하고 있지 낙타의 전생을 좀 알고 싶어 날파리를 관찰해 보았니? 가난하면서 말이나 행동이 실하지

못한 사람을 날피라 한다는데 남 이야기 너무 쉽게 하는 것 맞지?

징검다리를 디디고 오는 사이 징검돌은 다 없어지고
다시 절벽 같은 남만 남았다

*물고기의 가슴지느러미

그러니, 그래도, 그냥

향유고래는 머리를 바다 깊은 쪽을 향해 내려가며 꿈을 꾼다고 하는데
그건 전이되는 세포야

어디든 바닥에 닿을 준비가 되어 있는 무거운 음표의 빛깔

그러니 꿈꾸지 말까?
모든 걸 버리는 꿈을 꿀까?

눈을 한 번 감았다 뜨며 그 사이에 꿈을 꾸는 사람이 보여, 저기
눈을 뜨고 꿈을 꾸는 사람도 보여, 거기
바닥에 닿았다 되돌아오는 메아리가 날개를 펴는 빛이 보여

비가 내리는 빈 곳을 보면
비도 머리를 아래로 향하며 꿈을 꾸어

어디든 바닥에 닿은 비의 꿈이 있지?

〈
그 메아리만 올라와
꽃이 된다고 말하고 싶어

그러니, 그래도, 그냥 꿈을 꾸자
사람아

딱

딱이라고 말할 때는
딱 소리가 미리 건너간다
길은 한 개이고 싶다
딱딱해진다
말랑말랑할 때까지 만지면
딱은 슬며시 꼬리를 감춘다

딱 죽는 줄 알았어라고 말하면
죽음은 이미 말랑말랑 풀이 죽었을 때
딱 사랑하기 좋을 때는
사랑이 이미 스쳐 지나고 있다는 바람의 말

딱의 발은 늘 과거를 딛고 있다

내 혀의 창고에서 딱을 빼보는 밤이다

겨울

몽골초원의 게르를 보거나
아이슬란드 외딴 산에서 양을 치며 사는
사람들을 보거나
혼자인데 가득 찬 사람이 보일 때

내가 가진 커서에
스페이스바를 가끔씩 눌러
한가한 문서를 만드는 일
띄엄띄엄 있는 생각의 마을을 만드는 일

여름에 풀어 놓은 양을 찾으려고
겨울을 만들어 보는 것도 좋겠다

모기를 읽다

특히 뺨을 공격하는 모기는 청년기다
장난기가 발동할 때다
목숨을 건 장난이어서 더 짜릿하다

자신도 모르는 사이에
순간적으로 펴지는 손바닥은
자비가 고이지 않는다

있는 힘을 다해
뺨으로 올라오는 순간의 손바닥을
재빨리 피하는 방법을 터득했을 때
앵~하며 승리의 쾌재를 부른다

남을 때리는 몰인정으로 자신의 뺨을 후려치기를
한참 동안 아프기를

자주 할 일은 아니라며
잠시 어둠 속에 머물 줄도 알기를

적요의 바깥

오늘
적요는

숨어 있는 소리가 넘치는 빈들이다
뇌의 손이 합장할 때 있다

무 밑동이 순백의 옷을 껴입는 소리에
구름은 스스로 우아함에 취한다

두 발을 모으고 뒤꿈치를 높이 들어
가장 조금 땅에 의지하는 몸짓에
바람은 명주 보자기를 편다

콩꼬투리 튀는 소리에
적요의 가족이 모여든다

뜻밖의 복습

맨 처음 내 혀가 행복을 발음했을 때
나도
햄복으로 발음했을까?
언제 어디서 누구에게 배웠을까?

철이 들어갈수록
말 속에서는 자꾸 도망가려 애쓰는
발을 가졌지
행복은

행복을 햄복으로 처음 발음하는 어린 혀에서
도르르르 도르르르
퐁~ · 퐁~
자신도 모르게 굴러 나오지

마음이
눈물로 포근하지

너로 인해
명명되기 전의 행복을

복습할 수 있어서 행복하다
아가야

기러기는 언제 우는가

똑같이 모를 일이다
그 여자가 언제 우는가
하고

때로 내 집 위를 지날 때 통기하느라
그런다고 억지소리도 해보지만

그 여자 사실은 소리 내어 울어본 적이 없을 것이다

소리 없이
웃으면서 울고
울면서 울고
눈물 없이 울고
눈물 속에 울음을 녹여 울고

왜 그 여자가 자주 운다고 생각이 드는지
그것도 모를 일이다

'언제'가
'왜'의 몸을 가진 문장들이 온다

기러기가 그 여자의 몸을 가진
시간들이 겹친다

보채는 두 아이와 긴 시간
버스를 타고 귀향하며 쩔쩔매는
젊은 어미의 손가락이 마디마디 운다

그 여자를 셈하다

날마다
오후에 한 번씩 그녀를 끌고 가는 옛날을 본다
목요일 오후와 일요일 오후만을 보고 늘 이라고 말하는 것은 확률을 뻥튀기한 것이지만 그렇게 말해도 될 것 같은 세상이다

호남 고속터미널 10번 입구 대기석에 다리를 꼬고 앉아 냉소를 아이스크림처럼 핥고 있다
가방을 만지작거릴 때 마다 축축한 무관심의 눈빛이 푸드덕거리는 오리같이 꽥꽥 거린다
마음속 안내견은 그녀를 터미널 10번 입구에 풀어 놓고 몇 시간씩 그녀의 옛날에 전라도를 쏟아놓는가 보다
중얼거릴 때마다 두 손에 불려오는 사람들은 손사래를 자주 친다

전라 절라 절레절레로 발전하는 혀들의 행진이 그녀의 지금을 흔들고 있다
보는 사람이 아프다

스케치

지붕을 그리는 손을
이끄는 새 한 마리 있다
눈은 멀리 가고
마음은 지붕을 받치는 벽과 기둥으로 내려온다

벽과 기둥이 지붕을 만나면
우뚝한 것들이
누군가의 안이 되는 걸 그린다

손으로 안을 미리 본다

맞배지붕 팔작지붕 우진각지붕 아래
발자국이 길을 만들어 멀리 이어지고
마당이 있고
안에서 안을 익혀
밖을 안으로 만드는 미음이 걷는다

지붕이
모든 안을 만들었을 것이다

생강

나는 진화하는 고통이다
왜 나는 아린 삶으로 향하는 더듬이만 가졌는가?
일그러진 표면장력은 실핏줄을 거부한다

스스로 만든 아린 삶이 누적되어
노랗게 발효된 속을 보이고 만다

조금씩 풀어낼 때만 향기의 이름을 얻는
어둠이다

맨 눈

세포를 바람으로 바꾸어
가끔은 돌아갈 곳을 잊어버리는 것도 좋겠다

저기 저~기 흔들리는 것들의 손이 따뜻할 때
벽이 피그말리온이 되어 바람막이가 될 때

돌아갈 곳에 있는 붉은 열매들이
새들을 불러 모아
몇 알 남은 가을로 잔치를 하고 있을 때

바람의 몸으로
작은 문 하나 만들어
한참은
나를 너로 만들어 보는 것도 좋겠다

골목 3

오후 세 시에 벌써 저녁 배가 고픈 흑염소의 눈은 가로를 좋아한다
귀는 먼 냄새를 본다
빈 소라방의 쓸쓸한 창문은 그리움이 눈을 감았다
키 높이 철창에 갇힌 거위의
날개 속에는 고집 센 스프링이 산다
바람은 골목의 발에 남루한 신발을 신기고
왜 절룩거리는지
강은 멀리 있고
골목1과 골목 2는 첫째와 둘째를 좋아했고
그들이 떠난 곳에
뫼비우스 띠가 잠시 나들이 왔다
밖으로 향하면 모르는 사이 안이고
안에 있고자 하면 밖이 안으로 들어왔다
골목 3은 지금 고양이의 점프와 무관심을 섭외중이다
점프와 착지는 뫼비우스 띠 안에 있었다

■□ 해설

말의 '씨'앗 찾기와 '그냥'의 근황 묻기

전해수(문학평론가)

송문문의 시어는 '말' 같다. 언젠가 내가 혼잣말처럼 중얼거린 순간의 장면이 그의 시와 만나는 체험은 오히려 아무 것도 아니다. 그는 수수밭이나 쓰르라미나 들깨 혹은 '구례'라는 지명과도 스스럼없이 말을 건네고 있는데, '생각의 모퉁이'를 툭 '말'로 던진 것이 송문문 시인에게는 종종 '시'가 되곤 한다. 이 '말'은, 사색(思索)의 지점에서 우리가 만나는 여러 가지 현상을 주목하고, '여기 이곳'에 불러 모은 '말의 성찬'을 이뤄내서 더욱 눈길을 끈다. 하여 송문문의 시가 말에서나 쓰일 법한 "그냥"이나 "그럼에도 불구하고", "그래서", "그러니", "그래도", "어쩌다", "기꺼이"와 같은 부사어에 주목하는 것은 시에서는 낯설지만 말에서는 친근한 것들인 탓이다.

> 그럼에도 불구하고 씨 하고 부르면
> 마음이 따뜻해지거나 시원해지거나 뻥 뚫리

는 사람들이
　주머니에 넣고 다니는 이름

　그럼에도를 다독일 줄 아는 손이 등구나무
잎사귀만큼 많아서
　늘 손이 남는

　찬물 건너가는 사람에게는 키를 키워 옷은
젖지 않게
　발쯤만 젖게
　뜨거운 불에 휩싸인 사람에게는 두꺼운 껍
질이 되어
　귓불쯤만 붉어지게

　당신의 이름으로
　있고 싶은 곳에 있게 된 사람들이
　조금은 미안한 마음을 갖게
　자신이 잘 보이는 거울 하나 품고 살게
　기꺼이 의자가 된

　당신에게 어쩌다 한 번쯤
　그래서를 선물하고 싶을 때가 있습니다
　당신은 펴보지도 않고 밀쳐두겠지만……

　그럼에도불구하고 씨

혹시
접어둔 그럼이 고개를 들고 나온다면 그건
그럼의 몫이랍니다

—「그럼에도 불구하고 씨」 전문

송문문의 시는 시임에도 혹은 말임에도 "불구하고", 말을 버리고 시를 선택한 자의 목소리를 선명하게 지니고 있다. 역설적이지만 시인은 말이 시가 아닌 이유를 매우 잘 알고 있는 것이다. '그럼으로' 시인의 발화방식은 시어를 비껴가지만 그만의 시적 화법을 분명하게 생성해낸다. "그럼에도 불구하고"는 시인의 '에피그람마(epigramma)'로서의 역할을 일정부분 해내고 있는 것이다.

이처럼 송문문 시인이 자주 사용하는 말의 언어는 시어가 됨으로써 뜻밖의 시 힘을 지니게 된다. 그것은 익숙하여 다정한, 다정하여 친근한, 친근하여 자연스러운 시세계를 열어가는 힘으로 작동하는 '말'의 언어 때문이다.

그가
내 생각 속에 두 손을 쑥 집어넣어
그물을 쳤다
점점 촘촘해지는 그물 코

그물의 방향은 외곬

길 가는데 수수밭으로 해가 지는 것 같더니
수수밭 벗어나자 해는 다시 먼 산에 걸렸다
촘촘한 그물코 속에 갇혀서 자꾸 붉어지는 마음을
엿보았는지
길게 손 뻗어 그림자를 늘였다
촘촘했던 그물코가 느슨해졌다

늦춰진 그물코로 탱탱해진 생각들 구부려 빼내다
그가 친 그물에서 빠져나온 생각들
달빛과 섞여 잠들다

석양 속에는 그냥이 산다

– 「수수밭 부근」 전문

"그냥"처럼 목적이 없음의 분명한 목적을 지닌 것도 드물다. 어떤 불합리한 혹은 불편한 질문의 모든 답변은 "그냥"으로 충분하다. 위 시는 수수밭 부근에서 일어난 금기된 일에 대한 단상을 떠오르게 한다. 그것은 어떤 사건에 대한 상상이 "내 생각에 두 손을 쑥 집어넣어" "자꾸 붉어지는 마음"이 들게 하는 데, 시인은 이

은밀한 "생각"을 "그물코"로 엮으며 더욱 촘촘해지는 상상력을 펼치고 있다. 그러나 진정한 상상의 나래는 독자의 몫이다. 무엇을 상상하든 시인이 열어놓은 세계 안에서 그것은 가능해진다.

송문문 시인이 "그물코"처럼 엮어놓은 조밀한 말의 언어는 마지막 행 "석양 속에는 그냥이 산다"에 마침내 도달한다. "그냥"은 모든 사색(思索)의 종지부가 되는데, "그냥"이야말로 모든 결과의 원인 아니던가.

마른장마 해거름에 뒷집 할매가 들깨 모를
고무다라이에 가득 뽑아 담고 있다

뼈마디 끊기는 소리가 뚜두둑 날 때마다
비명 대신 날개 가진 피가 흥건히 쏟아진다

장마는 옷을 겹겹이 껴입고
어쩌다 하나씩 벗어 던지려는 심사인가 본데
들깨가 탈진하면 어째요!
물 한 바가지면 며칠을 견디는 독한 것들이
여……

들~들~들·
'들'의 가계는 대대로 오감과 한 몸으로 젖는
훤한 길을 닦아 놓았다

독했던
지난 며칠은
그냥
지나간 며칠일 뿐
젖은 옷 한 벌 입고

여기저기에서
대지와 한 살이 되어
지금을 온몸으로 껴안고

그냥을 건너가고 있다

—「그냥의 잔」 전문

“지금을 온몸으로 껴안고” 건너가는 “그냥”은 어떤 ‘그냥’인가. “독했던/지난 며칠은/ 그냥/지나간 며칠일 뿐”이라고 혹은 “젖은 옷 한 벌 입고//여기저기에서/대지와 한 살이 되어/지금을” 데리고 가는 “그냥”이므로, 다만 이유 없음의 ‘그냥’은 아닌 것이다. 삶의 애환이나 굴곡이 “독한 며칠”로 점철될 수는 없으나 “그냥”으로 “건너가”려는 ‘삶을 이기는 (나름의) 방식’이 ‘말’에서 얻어진 ‘시’의 위의(威儀)와 유사하다는 생각을 해본다. 시인의 ‘말’은 이처럼 시의 ‘씨’앗이 되고 있다.

모든 것에 귀가 있다고 생각하면

말이 많아진다
말은
들을 귀에 따라
묵언부터 시작된다

올해 들어 처음으로 밤에
창문이란 창문을 다 열어 놓고
커튼을 치고 불을 켰다

방충망과 창문 틈으로 들어오는
작은 벌레들에게

야들아, 들어오면 죽는단 말야

나, 하루살이야

때로 검은 색이었지
조약돌이 굴러가듯 순간순간 한 쪽만 열렸지
너무 커도 너무 작아도 걱정이었지
귀에 있는 귀는 눈의 귀가 부러웠지

눈의 귀로 듣고 말할 때
서로서로 듣고 싶은 말만 들을 수 있었지

－「말 귀」 전문

일상의 거친 말들 속에 "묵언"은 "귀"를 의식한 행동이라 할 수 있다. "말 귀"는 그러므로 "들을 귀에 따라" 달라진다. "방충망과 창문 틈으로 들어오는/작은 벌레에게" 던진 그 말은 "야들아, 들어오면 죽는단 말야"로 던지는 경고의 말일 것이다. 그러나 "나 하루살이야" 하루살이가 던진 답변은 시니컬하게도 죽음을 받아들이는 담담한 귀결의 말이 된다. 하루살이가 바라보는 죽음은 "검은 색", "한 쪽만 열"린 귀, "귀에 있는 귀"로 무심코 전달된다. 귀는 다른 귀 이른바 "눈의 귀", "말의 귀"가 부럽다. 시인의 귀는 "눈의 귀로 듣고 말할 때/서로서로 듣고 싶은 말만 들을 수" 있도록 장치되어 있다. 특별한 귀이다. 순간, 죽음을 앞둔 하루살이의 말이 더욱 생생해지는 것을 목도한다. 그래서 시적으로 가능해지는 대화. "얘들아 들어오면 죽는단 말야", "나, 하루살이야" 흥.

향유고래는 머리를 바다 깊은 쪽을 향해 내
려가며 꿈을 꾼다고 하는데
그건 전이되는 세포야

어디든 바닥에 닿을 준비가 되어 있는 무거
운 음표의 빛깔

그러니 꿈꾸지 말까?

모든 걸 버리는 꿈을 꿀까?

눈을 한 번 감았다 뜨며 그 사이에 꿈을 꾸
는 사람이 보여, 저기
눈을 뜨고 꿈을 꾸는 사람도 보여, 거기
바닥에 닿았다 되돌아오는 메아리가 날개
를 펴는 빛이 보여

비가 내리는 빈 곳을 보면
비도 머리를 아래로 향하며 꿈을 꾸어

어디든 바닥에 닿은 비의 꿈이 있지?

그 메아리만 올라와
꽃이 된다고 말하고 싶어

그러니, 그래도, 그냥 꿈을 꾸자
사람아

–「그러니, 그래도, 그냥」 전문

시 「그러니, 그래도, 그냥」에는 "저기", "거기" 혹은 "–말까?", "–할까", "있지?" 등의 친숙한 말의 언어들을 거침없이 시의 언어로 이동시켜 '말의 향연'을 펼쳐 보인다. 위 시에서 송문문 시인은 '말'이라는 "전이되는 세

포"를 유감없이 난사한다. 하여 "그러니, 그래도, 그냥", "향유고래"의 "꿈"은 "어디든 바닥에 닿을 준비가 되어 있는" "모든 걸 버리는 꿈"이 된다.

그렇다면, 모든 걸 버리는 "꿈"조차 없는 꿈은 마치 꿈을 꾸지 않는 것과도 같은가. 그것은 "바닥에 닿았다가 되돌아오는 메아리가 날개를 펴는 빛"처럼 "그러니, 그래도, 그냥"에 실려 그 "꿈"은 여전히 '필요하다'는 결론에 이른다. 시인은 "그러니, 그래도, 그냥"의 맹목을 "꿈"에 집결시키고 있다.

딱이라고 말할 때는
딱 소리가 미리 건너간다
길은 한 개이고 싶다
딱딱해진다
말랑말랑할 때까지 만지면
딱은 슬며시 꼬리를 감춘다

딱 죽는 줄 알았어라고 말하면
죽음은 이미 말랑말랑 풀이 죽었을 때
딱 사랑하기 좋을 때는
사랑이 이미 스쳐 지나고 있다는 바람의 말

딱의 발은 늘 과거를 딛고 있다

내 혀의 창고에서 딱을 빼보는 밤이다

—「딱」 전문

이제 시인처럼 "내 혀의 창고에서 딱을 빼보는 밤"의 순간을 우리도 느껴보자. "딱의 발"에 매달려 "딱 사랑하기 좋을 때"와 "딱 죽는 줄 알았을" 때의 경계를 허물고 "사랑이 이미 스쳐 지나고 있다는 바람의 말"을 "딱이라고 말할 때", "딱 소리가 미리 건너"가고 있을 때, 그 "한 개"의 길인 "딱" 앞에서 돌연 "꼬리를 감추"는 "딱"을, "딱", 만나보자. 늘 과거를 딛고 있는 "딱"을 지금 여기서 "딱" 빼보는 현재시간 앞에 서보자. 이유가 필요한가. 이유 없음의 '그냥'이라도 좋다.

요즘 어떻게 지내세요?
살짝 실핏줄을 건드리며
웃음의 옷을 입고 있다
무밭에 벌레 잡고 주홍 꽈리 보며 지낸다고
대답하는 것은
살짝 틈을 보인 것이다

—「근황을 묻는 일」 부분

"딱"은 근황을 묻는 일처럼 분명한, '필요'의 말이다. "요즘 어떻게 지내세요?"의 인사말이 당당하게 시가 될 수 있는 것은 "살짝 틈을 보인" 말과 시의 눈부신 교합

때문 일 것이다. 필요하다는 것에서, 근황을 묻는 일은, "살짝 실핏줄을 건드리는" "웃음"의 일로 화답한다. 그리하여 "무밭에 벌레 잡고 주홍 꽈리 보며 지내"는 시인의 근황이 돌연 부러워지는 것은 말이 "살짝" 보인 "틈"이, 시에서 노니는 '말'이, 무릎 치듯 "딱", 나의 (불편한) 근황을 엿본 탓이리라.

"요즘 어떻게 지내세요?" 시인의 어법대로, '그냥', 당신의 근황을 나도 묻고 싶어지는 것이다. 요즘 어떻게 지내세요, 당신…….